Aprendizado Acelerado para concursos

Como aprender rápido qualquer assunto

Você sabia que você é capaz de aprender qualquer coisa? Todos somos! Não há limites para o nosso aprendizado, desde que queiramos absorver mais e mais conhecimento e tenhamos a abordagem certa.Você vai poder:

Estimular o cérebro.

Melhorar o raciocínio.

Aprender a pensar.

Desenvolver a concentração.

Desenvolver a percepção.

Desenvolver a leitura ativa e crítica.

Aumentar o capital intelectual.

Aprender a trabalhar os "músculos" cerebrais.

Aprender a estimular o cérebro.

Aumentar o Q.I. (quociente de inteligência)

Aprender como funciona o cérebro.

Treinar a escuta ativa, o olhar ativo.

Aumentar a auto-estima com relação à inteligência.

Aprender a gostar de ler.

Aprender a ser autodidata: estudar sem professor.

Motivar-se para o estudo e trabalho.

Aprender a estudar.

Aprender a aprender.

Aprender a aprender rápido.

Aprender a gostar de aprender.

Aprender o valor econômico do que aprendeu.

Aprender a desenvolver a inteligência.

Melhorar o desempenho escolar.

Melhorar o desempenho no trabalho.

Melhorar o desempenho nos concursos..

Pensar estrategicamente.

Gerar resultados práticos.

Ser mais objetivo.

Ter maior velocidade de raciocínio.

Ter maior velocidade de ação e decisão.

Saber apresentar soluções inteligentes e inovadoras.

Capacidade para antever situações e fazer a prevenção de problemas.

Usar o pensamento lateral (enxergar múltiplas soluções).

Maior flexibilidade de pensamento.

Tirar o cérebro da zona de conforto.Identificar habilidades não desenvolvidas.

Ser mais competitivo, criativo e produtivo.Lembrar de conteúdos para provas, exames e concursos.

Melhorar a memória.

A melhor maneira de ter bom desempenho na escola ou no trabalho é ter uma boa memória e raciocínio e isto você consegue treinando o cérebro regularmente.

Aprendizagem acelerada possibilita qualquer pessoa aprender de forma mais rápida qualquer coisa que deseje, com a aprendizagem acelerada é possível ter um diferencial em qualquer campo que deseje atuar ou em qualquer coisa que deseje aprender, atualmente a neurociência e a psicologia cognitiva vem avançado muito, ajudando assim a entender como o cérebro funciona e qual a capacidade de aprendizagem do cérebro.

As técnicas de de aprendizagem acelerada são baseadas em pesquisas científicas. Acontece que cada um de nós tem um estilo de aprendizagem preferido – uma forma de aprendizagem que nos convém melhor, então se você conhecer e utilizar as técnicas que correspondem à sua forma preferida de aprendizagem, você aprende mais naturalmente. Porque aquilo que é mais natural para você, torna-se mais fácil de aprender, e o que é mais fácil, fica mais rápido – daí o nome aprendizagem acelerada.

A inteligência aumenta através da curiosidade. Ao formular perguntas sobre os assuntos que você está estudando, você se torna mais focado para obter as respostas.

A aprendizagem não adianta se não for memorizada,faça revisões.

Concentre-se no número de repetições, e não na a quantidade de tempo que pratica.

 Um conhecimento não elimina outro e sim o amplia. E de maneira "substantiva" significa que deve ser usado dentro do contexto DO SEU MUNDO, com escrita e exemplos não literais. Em outras palavras, utilizar o que está nos livros, porém explicado da sua forma, com seus exemplos.

Diante de tudo aquilo que precisamos processar todos os dias, a leitura é o modo de contato mais comum. Precisamos ler a respeito do assunto que estamos estudando na faculdade, ler a respeito das regras da gramática inglesa que praticamos em casa, ler as notícias na internet, sem falar dos livros que lemos em busca de crescimento.

Como as demandas da vida moderna são cada vez maiores, o raciocínio natural é: "se eu puder ler mais rápido, vou poder entender de modo mais veloz e alcançar mais durante o mesmo período de tempo".

O primeiro passo para atingir essa capacidade está em aprender lidar com os problemas de uma maneira sistemática. A sensação de autonomia que vem dessa habilidade de resolver os próprios problemas vai ser fundamental para você desenvolver a sua autonomia cognitiva, que por sua vez vai lhe dar infinitas possibilidades de aprendizado.

Atualmente as empresas buscam colaboradores habilitados a lidar com diversas situações e que sejam capazes de resolver problemas inusitados. Apreciam candidatos que conseguem pensar rápido e sugerir soluções consistentes. Independente de sua área de atuação, pensar e racionar de forma lógica são vistos como competências diferenciadas.

Raciocínio é uma operação lógica discursiva e mental, pois trata-se de uma organização de dados, ou informações, sejam em números ou palavras, de modo que tenha um contexto, um significado e um resultado final (ou consequência). Nesse processo de organização e elaboração de um resultado, o intelecto humano utiliza uma ou mais proposições – ou hipóteses - para concluir, através de mecanismos de comparações, generalizações ou abstrações, quais são os dados que levam às respostas verdadeiras, falsas ou prováveis. Das premissas objetivas, ou exatas, ou ainda hipotéticas, chegamos ao resultado final ou conclusões.

Instruções :

1   Ler e escrever: a leitura melhora a capacidade da mente para compreender muitas coisas, além de encorajar seu cérebro a pensar de forma crítica. A leitura de livros que você nunca leu antes, de jornais, revistas, periódicos ou outros gêneros faz com que seu QI aumente. Tome cuidado para não ler um livro que não esteja no seu nível e faça você perder o gosto pela leitura. Além disso, não leia algo demasiado fácil. A escrita também é uma forma e desenvolver o raciocínio lógico e um bom exercício é tentar escrever com a mão oposta, fazendo a outra parte do seu cérebro funcionar.

2   Desenvolvendo o raciocínio lógico,Jogos de estratégia: não importa se é um jogo de tabuleiro, como o xadrez, ou jogos de videogame, um jogo de estratégia sempre irá ajudar você a melhorar seu raciocínio lógico. Os jogos são uma ótima maneira de estimular o cérebro e jogos simples como o jogo da memória faz parte desta lista. Escolher jogos que você nunca jogou antes também é uma ótima dica. Além disso, as cruzadinhas, os jogos de sudoku e os puzzles são ótimos.

É pelo processo de pensamento ou do raciocínio lógico que ocorre o desenvolvimento do método matemático, bem como, as ciências como um todo, as quais evoluíram para uma crescente capacidade do intelecto humano em alavancar o pensamento matemático e organizar a própria lógica das atividades.

O pensamento ou raciocínio lógico-matemático é utilizado para analisar questões objetivas, ou isolar questões que deturpam a ordem exata de um resultado e, desenvolver métodos e resoluções nas mais diversas questões relacionadas à existência e sobrevivência humana, já que se aplica às várias atividades do cotidiano das pessoas, em todas as sociedades do mundo. Logo, o raciocínio deve ser considerado um dos integrantes dos mecanismos dos processos cognitivos superiores da formação de conceitos e da solução de problemas, sendo parte do pensamento lógico dos indivíduos.

Por isso, antes de qualquer educador empreender a tarefa de ensinar a matemática é preciso levar em consideração como as crianças refletem seu entendimento sobre as configurações que, mais tarde, serão apresentadas em forma de números.

Aqui se desvela a importância dos materiais concretos, das formas, das quantidades moldáveis – massa de modelar, líquidos coloridos, lápis de cor, etc. -, assim como dos desenhos, dos pontinhos, etc., que trabalham as percepções das crianças. É do concreto que se trabalhará o abstrato, dando-se oportunidades das crianças explorarem os materiais concretos e, progressivamente, desenvolverem o raciocínio lógico matemático. Nesse sentido, Arribas (2004, p.282) afirma que:

Proporcionar o material mais variado possível, apresentar situações interessantes, dar o justo valor às suas interpretações, criar conflitos superáveis, estimular o raciocínio são algumas propostas que ajudarão as crianças a avançar rumo à construção do conhecimento matemático.

Como a citação indica, apresentar situações interessantes é o primeiro passo para fazer com que a criança conheça a matemática, dando-lhe oportunidade de adentrar esse conhecimento, sem se assustar com essa ciência, mas explorá-la através de interpretações que, progressivamente, constroem o conhecimento matemático. As diferentes formas de apresentar a matemática, as diferentes metodologias aplicadas para a aprendizagem e conhecimento dos números, a pertinente didática que fundamenta suas operações, são os elementos mais relevantes para que a criança aprenda, de maneira significativa, a desenvolver seu raciocínio lógico matemático. Nesse sentido, Arribas (2004, p.281) ainda afirma que:

Ao selecionar os conteúdos, isto é, o que pode ser ensinado e aprendido, é necessário mostrar um grande respeito pela coerência interna da linguagem matemática. A organização prévia dos conteúdos é o que vai permitir apresentar a matemática de forma ordenada, relacionada e acessível, de modo que sirva para estruturar o pensamento, para interpretar e intervir na vida cotidiana e para assentar as bases do conhecimento matemático posterior.

Vejamos que não se trata de apenas o professor(a) apresentar um conteúdo, mas de estar bem fundamentado – em interpretação e argumentos – para responder ao que a ideia matemática desperta no momento exato de sua aprendizagem; em outras palavras, o docente ao ensinar a matemática, ao querer construir no aluno o raciocínio lógico, deve pautar-se nos seus fundamentos, tendo previamente uma organização dos conteúdos em acordo com a linguagem matemática. Isso significa não só dar um sentido ao que se aprende, mas ao porquê de sua aprendizagem, tendo em vista que a matemática está implícita na realidade dos alunos. Não estou falando aqui de contextualizar a matemática, estou falando que a criança na sua fase inicial de escolarização precisa conhecer uma matemática essencialmente real e próxima de sua vida.

O contextualizar será uma metodologia interessante quando o aluno, além do raciocínio lógico, já estiver na fase das operações concretas, reconhecendo a aritmética processual e científica.

Como interpretar qualquer texto ou livro inteiro livro

É preciso seguir três etapas para se obter uma leitura ou uma abordagem eficaz de um texto:

a) Pré-compreensão: toda leitura supõe que o leitor entre no texto já com conhecimentos prévios sobre o assunto ou área específica. Isso significa dizer, por exemplo, que se você pegar um texto do 3º ano do curso de Direito estando ainda no 1º ano, vai encontrar dificuldades para entender o assunto, porque você não tem conhecimentos prévios que possam embasar a leitura.

b) Compreensão: já com a pré-compreensão ao entrar no texto, o leitor vai se deparar com informações novas ou reconhecer as que já sabia. Por meio da pré-compreensão o leitor "prende" a informação nova com a dele e "agarra" (compreende) a intencionalidade do texto. É costume dizer: "Eu entendi, mas não compreendi". Isso significa dizer que quem leu entendeu o significado das palavras, a explicação, mas não as justificativas ou o alcance social do texto.

c) Interpretação: agora sim. A interpretação é a resposta que você dará ao texto, depois de compreendê-lo (sim, é preciso "conversar" com o texto para haver a interpretação de fato). É formada então o que se chama "fusão de horizontes": o do texto e o do leitor. A interpretação supõe um novo texto. Significa abertura, o crescimento e a ampliação para novos sentidos.

Como interpretar textos

É muito comum, entre os candidatos a um cargo público a preocupação com a interpretação de textos. Isso acontece porque lhes faltam informações específicas a respeito desta tarefa constante em provas relacionadas a concursos públicos.

Por isso, vão aqui alguns detalhes que poderão ajudar no momento de responder as questões relacionadas a textos.

TEXTO – é um conjunto de ideias organizadas e relacionadas entre si, formando um todo significativo capaz de produzir INTERAÇÃO COMUNICATIVA (capacidade de CODIFICAR E DECODIFICAR).

CONTEXTO – um texto é constituído por diversas frases. Em cada uma delas, há uma certa informação que a faz ligar-se com a anterior e/ou com a posterior, criando condições para a estruturação do conteúdo a ser transmitido. A essa interligação dá-se o nome de CONTEXTO. Nota-se que o relacionamento entre as frases é tão grande, que, se uma frase for retirada de seu contexto original e analisada separadamente, poderá ter um significado diferente daquele inicial.

INTERTEXTO - comumente, os textos apresentam referências diretas ou indiretas a outros autores através de citações. Esse tipo de recurso denomina-se INTERTEXTO.

INTERPRETAÇÃO DE TEXTO - o primeiro objetivo de uma interpretação de um texto é a identificação de sua ideia principal. A partir daí, localizam-se as ideias secundárias, ou fundamentações, as argumentações, ou explicações, que levem ao esclarecimento das questões apresentadas na prova.

Normalmente, numa prova, o candidato é convidado a:

1. IDENTIFICAR – é reconhecer os elementos fundamentais de uma argumentação, de um processo, de uma época (neste caso, procuram-se os verbos e os advérbios, os quais definem o tempo).

2. COMPARAR – é descobrir as relações de semelhança ou de diferenças entre as situações do texto.

3. COMENTAR - é relacionar o conteúdo apresentado com uma realidade, opinando a respeito.

4. RESUMIR – é concentrar as ideias centrais e/ou secundárias em um só parágrafo.

5. PARAFRASEAR – é reescrever o texto com outras palavras.

Memória Fotográfica para ampliar a inteligência

Você possui memória fotográfica ?

Visual: imagem é tudo

Você tem mania de observar e identificar cores, desenhos, imagens? Então você tem memória fotográfica. Esse tipo prefere aprender lendo textos e vendo gráficos, diagramas, fórmulas…, pois lembra facilmente de situações ou informações a partir das imagens. Costuma recordar melhor as informações quando as lê silenciosamente.

Faça: Procure recursos visuais sobre as matérias estudadas. Estimule a construir imagens mentais dos conteúdos que estiver estudando —ou desenhe o que acabou de aprender. Deixe sempre à mão livros e revistas e faça leituras para facilitar o aprendizado.

Evite: o exagero de estímulos visuais, pois uma grande quantidade de informações recebidas pode acabar provocando distração.

Muitas pessoas que querem saber mais sobre a formação da memória fotográfica, precisa saber sobre como associar palavras com formas, objetos com palavras e formas com objetos. Uma vez que você começa a conhecer o código de visualização, você pode visualizar imagens de uma forma adequada e metódica. A aprendizagem da memória fotográfica é uma habilidade que pode ser adquirida, como aprender um novo idioma ou tocar guitarra. Sua mente é capaz de fazer isso e muito mais, por isso tente essas dicas e treine o seu cérebro.Quando mais aprendemos mais conexões neurais formamos…

 A plasticidade cerebral é a capacidade do sistema nervoso, alterar o funcionamento do sistema motor e perceptivo baseado em mudanças no ambiente, através da conexão e reconexão das sinapses nervosas, organizando e reorganizando as informações dos estímulos motores e sensitivos, sendo controladas por grupos especiais de neurônios (células guias).

Somos o que vivenciamos, experimentamos e lembramos

Aprende-se com o cérebro, e todas as ações perpassam como um filme na máquina fotográfica, ou comparando a um hardware, onde vários softwares são "rodados" por meio de impulsos elétricos, e pela centelha dos afetos ou desafetos existentes e recebidos ao longo de nossas vidas.

Um aprendizado eficiente não depende somente da maneira como os professores passam o conteúdo e de como o aluno se esforça durante as aulas para estudar. Ter pensamentos mais claros e uma memória mais ampla também são características essenciais para garantir um bom desempenho nos estudos e, por isso, treinar sua mente é importante.

Aprenda algo novo

Mesmo que pareça óbvio, é importante lembrar que aprender qualquer habilidade nova oferece mais conhecimento ao seu cérebro. Por exemplo: ao treinar sua capacidade de tocar um instrumento musical, sua mente vai ficando cada vez mais acostumada a traduzir algo que você vê (a partitura) em algo que você produz e escuta (a música).

Qual a técnica de aprendizado que funciona melhor para você?

Visual

Quando a pessoa memoriza melhor graças à associação entre imagem e conceito.

Auditiva

Quando a pessoa memoriza melhor a partir das associações entre sons e conceitos.

Cinética

Quando a pessoa cria associações entre conceitos e movimentos no espaço para compreender e memorizar melhor.

Alguém que pertence à primeira categoria terá a necessidade de ver novas palavras (por exemplo, utilizando fotografias ou imagens).

A atividade que mais estimula o desenvolvimento da memória é a leitura, conforme indicam diversos estudos sobre o funcionamento do cérebro. A leitura requer o emprego simultâneo e rápido de memórias visuais e de linguagens, estimulando paralelamente tanto a memória visual como as vias dos sentimentos e das emoções. Por isso, nada exige tanto do cérebro, em tão pouco tempo, como a leitura. Isso ocorre de tal maneira que diversos estudos mostraram que as pessoas que leem mais costumam ter sua memória sadia por muito mais tempo. Logo, o melhor exercício para a memória é a leitura, cujo hábito deve ser incentivado. Também, estimulam a memória diversos tipos de jogos com palavras, números, em tabuleiros e ou que usem cartas, porque exigem de quem pratica raciocínio lógico e atenção.

Compreensão: se o conteúdo é compreendido, significa que se tornou conhecimento significativo e está na memória de longa duração. Do contrário, sem a compreensão, vira mera "decoreba", que se perde na memória de curta duração.

Recuperação: muitas vezes, não conseguimos nos lembrar de algo, mas nos lembramos depois, principalmente quando vemos ou ouvimos uma informação associada ao conhecimento em questão. Isso ocorre porque o cérebro funciona melhor com associações, e a memória se mostra mais eficiente na recuperação de uma informação, quando ela tem "cara", nome, cor, cheiro, som ou um jeito de ser.

Além de trabalhar em melhorias relacionadas ao seu dia a dia, ampliar sua memória fotográfica é uma boa alternativa para melhorar seu rendimento nos estudos. Não é uma questão de "decorar", mas sim de "associar naturalmente" determinados conteúdos em seu cérebro. A memória fotográfica permite que o cérebro grave uma imagem e consiga assimilar seu significado sem a necessidade de explicações prévias, o que é uma excelente característica para desenvolver seu potencial nos estudos.

Estados Unidos, Década de 80: A Leitura Fotográfica

Em 1986 o americano Paul Sheele, de Minneapolis, iniciou o ensino de uma técnica por ele denominada PhotoReading®, ou FotoLeitura. Neste método o praticante examina o material a ser estudado, com o objetivo de adquirir um conhecimento inicial do assunto e, principalmente, de despertar sua própria curiosidade e desenvolver a motivação necessária ao passo seguinte. Em seguida, o praticante simplesmente olha para as páginas do livro, depois de entrar em um estado de relaxamento e utilizando uma forma especial de dirigir o olhar para as páginas. Esse procedimento é executado à velocidade aproximada de uma página por segundo. Finalmente, depois de dormir uma noite e deixar que o material seja integrado, o praticante passa à terceira fase, na qual o material absorvido é ativado, ou seja, trazido gradativamente à consciência do "fotoleitor".

É interessante notar que essa "leitura fotográfica" pode ser considerada um método derivado da aprendizagem acelerada, uma vez que utiliza os três passos básicos da sequência de Lozanov: apresentação do material à mente consciente, exposição do material à mente inconsciente e ativação - recuperação do material para a mente consciente.

Curiosamente, a questão da origem desse método permanece não resolvida. Richard Welch, de Phoenix, também alega ter sido o criador da técnica, a qual ele denomina Subliminal Photography, ou Fotografia Subliminar. Welch é reconhecido no livro "Revolucionando o Aprendizado", de Dryden e Vos. Paul Scheele cita, em seu livro "FotoLeitura: o Sistema Whole Mind", um "instrutor de uma escola de leitura dinâmica em Phoenix, Arizona". Seria Welch? Por outro lado, Sheila e Nancy Ostrander, em "Superlearning 2000", afirmam que a técnica teria sido desenvolvida no Japão, por Akihiro Kawamura.

Brasil, Década de 90: A Leitura Acelerada

A partir das ideias de Buzan, desenvolvemos os conceitos de Memoforma® e Memograma®.

Uma Memoforma é qualquer recurso destinado a facilitar a memorização. Quando você lê um texto e produz um resumo, com o objetivo de memorizá-lo, esse resumo é uma Memoforma. Não é necessário que uma Memoforma seja um objeto palpável: se você visualizar um procedimento, através de uma série de imagens, com o objetivo de memorizar os passos para a sua execução, esse "filme" mental também será uma Memoforma. E assim, são Memoformas: textos, desenhos, diagramas, objetos, colagens, pinturas, lugares, posturas corporais, etc. Na verdade, qualquer coisa que seja deliberadamente associada a um conteúdo a ser memorizado poderá ser considerada uma Memoforma.

Um Memograma é uma Memoforma expressa sob a forma de um diagrama.

Então, um Memograma é inicialmente muito parecido com um Mind Map. Conforme você se desenvolve na construção e utilização desses desenhos, muitas coisas vão acontecendo. Em um certo momento, esses desenhos não mais ficarão no papel. Ficarão dentro do seu cérebro. Você construirá uma biblioteca na sua mente, e arquivará os desenhos em estantes, corredores e salões virtuais. E, quando precisar do conhecimento contido em um deles, você irá buscar o desenho e o consultará. E isso acontecerá gradativamente, conforme você praticar.

Podemos afirmar que para passar nas provas de concurso público e alcançar o sucesso que se espera o que realmente importa não é o quanto você estudou, mas sim a maneira como estudou. Saber estudar é fundamental e muitas pessoas não se atentam a isso, gastando assim, muito mais tempo e esforço para ter o mesmo desempenho que algumas pessoas conseguem em poucas horas com as técnicas de estudos corretas.

O bem sucedido em provas não é aquele que estuda mais e, sim, aquele que possui a maior capacidade de memorizar aquilo que aprende e, a única forma de conseguir esse feito é possuindo um cérebro treinado para isso.

Não é difícil de imaginar as vantagens que um concurseiro teria sobre os outros se ele pudesse ler e memorizar mais rápido o conteúdo que seus concorrentes, dessa forma, absorvendo muito mais conteúdo em menos tempo. A disputa por uma vaga em um concurso público não é vencida pelo que possui o maior QI, o vencedor é aquele que consegue estudar de maneira mais eficiente, estudando e memorizando a maior quantidade de conteúdo que os demais concorrentes.

Não importa o tamanho da sua dificuldade de aprendizado ou concentração, se for bem treinado (de uma forma natural para seu cérebro) irá se desenvolver extraordinariamente com garantia cientifica de melhorar sua inteligência gradualmente dia após dia.

A GENIALIDADE pode ser alcançada facilmente através de treinamentos apropriados para AUMENTAR a interconexão entre os 2 hemisférios do cérebro, musicas binaural isocronicas projetadas em frequência especificas para concentração e foco além de hipnose guiada para despertar sua criatividade natural.

Varias pessoas do nosso mundo possuem a capacidade COMPROVADA de se lembrar minuciosamente de DETALHES exatos , devido a forma que usam sua memória para reviver experiências de forma holográfica ao invés de imagens estáticas (pensamento visual).

Leitura dinâmica Qualquer um pode AMPLIFICAR sua memória, se utilizando do sistema de APRENDIZADO ATIVO .

Sua memória pode melhorar muito, apenas por mudar suas crenças e associações mentais. Reaprendendo a aprender e APROVEITANDO como o cérebro NATURALMENTE funciona (do estímulo a interpretação) para impulsionar seus estudos, pesquisas e realizações.

Aprendizagem Acelerada

As técnicas de de aprendizagem acelerada são baseadas em pesquisas científicas. Acontece que cada um de nós tem um estilo de aprendizagem preferido – uma forma de aprendizagem que nos convém melhor, então se você conhecer e utilizar as técnicas que correspondem à sua forma preferida de aprendizagem, você aprende mais naturalmente. Porque aquilo que é mais natural para você, torna-se mais fácil de aprender, e o que é mais fácil, fica mais rápido – daí o nome aprendizagem acelerada.

A inteligência aumenta através da curiosidade. Ao formular perguntas sobre os assuntos que você está estudando, você se torna mais focado para obter as respostas.

A velocidade de aprendizado envolve 8 inteligências múltiplas, incluindo a visual e linguística. Você pode aproveitar certas habilidades visuais do seu cérebro desenhando figuras que ajudam a clarear as ideias – e que vão ficar na tua mente. Por exemplo, o uso de mapas mentais (mind map). Reescrever a informação com as tuas próprias palavras é outra forma de desenhar o que aprendeu. Isso tudo ajuda a mudar o status da informação, de algo que é estranho para algo que é familiar, confortável e acessível.

A repetição é uma das alavancas mais poderosas que existe, porque ela afia o nosso cérebro. O poder da repetição é bem conhecido pelos melhores artistas, atletas, músicos, e os militares. Tempo gasto não é quase tão importante quanto o número de repetições.

Treinando a memória fotográfica

Todas as vezes que você estiver estudando, procure imagens para adicionar em seus resumos. É legal visualizar locais, personalidades e, até mesmo, a cultura de determinado conteúdo – isso pode enriquecer muito os seus estudos.

Os detalhes fazem toda a diferença na hora de ativar a nossa memória fotográfica. Prestar atenção nas particularidades é uma forma de fazer links entre as matérias.

Seu cérebro vai se acostumar a tirar fotos mentais toda vez que ver algo interessante e/ou relevante.

A capacidade dessa memória tem uma grande variação individual. Ou seja, algumas pessoas têm uma grande capacidade, enquanto a maioria tem um total falta.

A prática de lembrar de coisas e, depois, discutir com os outros realmente foi apoiada por estudos de aptidão do cérebro. Atividades de memória que envolvem todos os níveis de funcionamento do seu cérebro como aprender, memorizar e discutir ajuda para melhorar a função do cérebro.

Passos para a memorização

Leitura rápida de toda a matéria, para obter uma ideia global da matéria. Ler tudo novamente mas de uma forma mais lenta e tentar que a matéria seja memorizada.

Sublinhar os pontos importantes.

Fazer esquemas e tabelas, para sintetizar a matéria.

Assumir o papel do professora, ver que questões podem ser feitas em relação aquela matéria e o mais importante.

Dividir em pequenas partes matérias maiores.

Fazer desenhos para esclarecer a matéria.

Imagens mentais: esta técnica baseia-se na ideia da memória fotográfica. Para as pessoas que tenham facilidades em decorar imagens, aconselha-se o recurso a informação estruturada, que provoque uma impressão forte na memória e obrigue a uma recordação exacta. A grande desvantagem deste método é que não pode ser aplicado a todas as matérias.

Saiba por causa da conexão de novos conceitos de conhecimento prévio. Quanto mais coisas que você aprende, o aprendizado mais fácil será, independentemente do que você está aprendendo.

Exercite a técnica da memória fotográfica

 Pessoas com memória fotográfica aprenderam a fortalecer o seu dom visual a tal ponto, que são capazes de enxergar uma imagem em suas mentes quase tão bem como se estivessem observando a mesma imagem com seus olhos. Isso se deve à conexão entre Olho-Mente. Pequenos exercícios como, olhar um quadro com muitos detalhes e descrevê-lo depois, podem ajudar bastante.

Pesquisas realizadas pelas Universidades de Princeton e Indiana, nos Estados Unidos, apontam que escrever à mão é mais eficiente do que digitar. Invista em canetas coloridas para destacar palavras-chaves, títulos e subtítulos importantes.

Para memorizar com facilidade, grave a informação em áudio, usando o gravador do celular, por exemplo, e ouça diversas vezes até que o conteúdo seja memorizado.

Quando se pensa em estudo, deve-se pensar no desenvolvimento de todas as faculdades da mente ou no que ele significa no uso criativo, produtivo e adaptativo do raciocínio, da memória, do pensamento e da imaginação.

Podemos apresentar dez degraus para o bom desenvolvimento da memória, a fim de atingirmos excelência na memorização:

- Primeiro: Interesse e autocontrole: dominar a sua disposição, disciplina.

- Segundo: A memória aumenta proporcionalmente ao motivo.

- Terceiro: A memória precisa ser disciplinada a obedecer, não podendo ceder aos caprichos da pessoa.

- Quarto: Para memorizar com excelência, é preciso compreender o que está sendo memorizado. Quanto maior o significado, mais fácil e melhor será a memorização.

- Quinto: Todo estudante precisa ter uma meta imediata e uma meta mediata para seus estudos. É impossível o desenvolvimento da memória sem um objetivo em vista. Você deve galgar passos diários, semanais e mensais.

- Sexto: Você deve estabelecer a recompensa para você mesmo no desenvolvimento do seu estudo. A memória terá eficiência se a ela for associada a uma recompensa. É o princípio do reforço pela recompensa, pois a recompensa reforça a memória.

- Sétimo:

Fenômeno da reminiscência

Princípio do espacejamento

O aprendizado deve ser espaçado. Deve haver intervalos durante o estudo para o desenvolvimento da memória.

- Oitavo: Fazer mapas mentais. É por meio deles que a visão de conjunto será desenvolvida.

- Nono: Este passo é o segredo para garantir a memória permanente: recitação.

- Décimo: O último passo para um completo desenvolvimento da memória é aprender o conceito da memória seletiva.

A eficiência da memória é auxiliada pela estranha faculdade da mente humana – a capacidade de esquecer.

«A nossa memória tem dificuldade em registar dados isolados, que não estejam associados a outras informações. Assim, para nos ajudar, criamos imagens men-tais, fotográficas. A memória visual é a mais forte das nossas memórias. Fazemos associações de palavras, elaboramos his-tórias, e a informação será tanto mais fá-cil de memorizar quanto mais imaginati-va, mal comportada ou inverosímil for. É como se criássemos um filme na nossa ca-beça. É fácil esquecermo-nos do que é ba-nal, mas facilmente recordamos um epi-sódio insólito, extravagante ou divertido», explica Ramón Campayo.

Que parte do cérebro se ocupa da memória?

_Praticamente quase todo o cérebro participa no processo de memorização, já que envolve diferentes áreas, especialmente as diretamente implicadas nas atividades de aprendizagem, adaptação e sobrevivência.

Alguma vez você já imaginou poder potencializar o seu cérebro para entender e aprender

conteúdos? Isso é o aprendizado acelerado, uma forma rápida, eficiente, e, sobretudo possível,

de se aprender o que deseja. Ideal para quem deseja aprender

mais rápido para passar em provas, concursos, certificações, bem como aprender línguas e hobbies.

APRENDA RÁPIDO

As técnicas do Aprendizado Acelerado garantem que você domine conteúdos com rapidez, sobrando tempo para se dedicar a outros assuntos, hobbies e à família, por exemplo.

MELHORE SUA MEMÓRIA

Os exercícios propostos pelo Aprendizado Acelerado fazem bem ao seu cérebro e a sua memória. Graças a nova frequência de estudos você terá uma melhor fixação no seu dia a dia. Aproveite!

O que é Aprendizagem Acelerada? Em uma definição simples, aprendizagem acelerada é um estado do cérebro que nos permite assimilar informações num curto tempo, com pouco esforço, maior retenção e motivação.

 Uma das formas de conquistar esse estado do cérebro é por meio da percepção. Quando nosso cérebro é colocado num estado de percepção, nossa capacidade de absorver informações novas e de criar soluções inéditas aumenta extraordinariamente.

O modo absorver nos permite acessar o gênio que reside nas zonas mais profundas da mente, uma parte de nós que normalmente calamos todas as vezes que tentamos forçar o cérebro a resolver um dado problema pensando, pensando, pensando até sair fumaça da cabeça.

Existem várias técnicas eficazes que colocam nosso cérebro no modo absorver. Entre elas, podemos citar:

Criar um estado de atração por novidades: são exercícios simples usados para aumentar a nossa capacidade de ver o mundo a nossa volta e encontrar nele informações inéditas e soluções criativas.

Adiar o julgamento lógico-analítico: técnicas que nos colocam em situações favoráveis à apreciação e retenção de novas informações sem o pré-julgamento e bloqueio do centro racional.

Aumento da atividade alfa: por meio de exercícios aeróbicos, aprendemos a colocar nosso cérebro num estado alfa e intensificar o potencial criativo e a capacidade de aprendizado.

Desinibição cognitiva: técnica em que aprendemos a reduzir o filtro cognitivo que impede que novas idéias cheguem à percepção consciente.

Trabalho com o estado de sono REM: cujas técnicas permitem que conteúdos dos sonhos possam chegar à consciência e ganhar significado para a resolução de problemas e para o aprendizado acelerado.

Resumindo, há uma fonte inesgotável de recursos cerebrais e neurofisiológicos que você pode ativar por meio de exercícios simples e tornar-se um mestre em extrair do ambiente a sua volta e da sua mente inconsciente aquelas sacadas que são dignas dos gênios.

Seja seu terapeuta, elimine o estresse e aprenda melhor

Inclui técnica de relaxamento para os estudos.

Mas quantidade não é tudo. Segundo professores e especialistas em concursos, certas técnicas relativamente simples podem otimizar o tempo e alavancar o rendimento do aluno.

É claro que não existem regras universais: alguns métodos excelentes para uns podem ser péssimos para outros, diz Paulo Estrella, diretor pedagógico da Nova Academia do Concurso.

"Todo candidato tem seu ponto forte, como a facilidade para visualizar ideias ou para retê-las por meio da audição", explica ele. "O ideal é usar suas vantagens individuais a seu favor na hora de estudar".

Um estudo publicado na revista científica Psychological Science in the Public Interest, que avaliou dez técnicas comuns de aprendizagem para classificar as mais eficientes. O resultado traz algumas surpresas. Práticas bastante populares no Brasil, como resumir, grifar, utilizar mnemônicos, visualizar imagens para apreensão de textos e reler conteúdos foram classificadas como as de menor utilidade. Três práticas foram elencadas como de utilidade moderada: interrogação elaborativa, autoexplicação e estudo intercalado. Finalmente, as duas que obtiveram o mais alto grau de utilidade na aprendizagem foram as técnicas de teste prático e de prática distribuída.

Fazer resumo: é a produção de um novo texto, mais curto, que identifique o que é importante e como ideias diferentes se conectam. Bons resumos identificam os pontos mais importantes e capturam a ideia central, excluindo material repetitivo. Avaliação: pode ser uma boa técnica para estudantes que já dominam o processo de resumir. Em geral, crianças, alunos de Ensino Médio e mesmo da graduação precisam de treinamento extensivo para produzir um bom resumo.

Destacar ou sublinhar trechos: procedimento adotado por muitos alunos, trata-se de selecionar informações relevantes em um texto. Avaliação: na maior parte das situações examinadas, destacar trechos melhora muito pouco a performance. Pode até ajudar em textos difíceis, contudo, pode atrapalhar a compreensão para tarefas que exigem que os estudantes façam inferências.

Palavra-chave mnemônica: consiste em produzir listas de palavras que se relacionam, com o objetivo de memorizá-las. Criando imagens mentais, pode ser usada no estudo de vocabulário de uma língua estrangeira, para decorar capitais de estados, a ordem dos planetas, ou mesmo na compreensão de textos. Avaliação: pode ser útil para alguns conteúdos, mas não é altamente eficiente, em termos de tempo necessário para treino e geração das palavras-chave. Não costuma gerar conhecimento duradouro. Além disso, não está claro se estudantes realmente se beneficiam quando eles mesmos têm de criar as palavras-chave.

Usar imagens: enquanto leem ou escutam uma explicação, os estudantes criam imagens mentalmente ou desenham figuras que representem o conteúdo em foco. Avaliação: os benefícios do uso de imagens para estudar por meio de texto é restrito a alguns conteúdos e a testes de memória. Porém, ainda são necessárias demonstrações da eficácia da técnica para retenção de conteúdos por longos intervalos.

Releitura: ler novamente um texto inteiro, alguns trechos ou anotações é um dos métodos mais populares entre os estudantes. Avaliação: embora os benefícios da releitura tenham sido demonstrados para uma vasta gama de materiais, quase não há pesquisas envolvendo estudantes em idade escolar. A maioria dos efeitos foram detectados em medições de memória, ao passo que o benefício para a compreensão é menos verificável.

Utilidade moderada

Questinamento elaborativo: instiga estudantes a gerar uma explicação para um fato. Busca respostas para questões como "por que isso faz sentido?", "por que é verdade?" ou simplesmente "por quê?" Avaliação: os benefícios da técnica são mais limitados conforme os níveis de conhecimento dos alunos. Estudantes jovens ou com pouca noção do tema estudado tendem a ter algumas dificuldades para elaborar explicações. Além disso, a técnica é mais indicada para se trabalhar com assuntos factuais, sendo menos útil em tópicos complexos.

Elaborar explicação própria: demanda que os estudantes reflitam sobre como uma nova informação está relacionada com uma informação que já conhecia ou que expliquem as medidas tomadas durante a resolução de determinados problemas. Avaliação: um fator positivo é que os efeitos desta técnica já foram demonstrados com conteúdos diferentes. Contudo, ainda são necessárias novas pesquisas para estabelecer até que ponto estes efeitos não se devem ao nível de conhecimento dos estudantes.

Estudo intercalado: em vez de organizar uma cronograma de estudos que priorize um conteúdo determinado, que só é substituído depois de totalmente revisada, os estudantes intercalam conteúdos e matérias à sua rotina. Avaliação: de um lado, o estudo intercalado mostrou proporcionar bons resultados na aprendizagem de matemática, entre outras habilidades cognitivas. Do outro, a literatura científica a respeito da técnica ainda é pequena.

Alta utilidade

Testes práticos: visto como "mal necessário" por muitos estudantes, afinal, costumam ser aplicados como meio de avaliar a aprendizagem. Esta visão, contudo, é inadequada, pois os testes também melhoram a aprendizagem. Avaliação: os efeitos dos testes foram demonstrados em grande escala em diversos formatos, tipos de material e faixas etárias. Por isso, testes práticos têm ampla aplicabilidade. Comparado a outras técnicas, não toma muito tempo e pode ser implementado depois de pouco treino.

Estudo distribuído: estudantes tendem a revisar conteúdos às vésperas das provas, crendo que a estratégia seja eficaz. Embora seja melhor do que nada, o resultado é mais positivo quando a mesma quantidade de tempo gasto em um "mutirão de última hora" é distribuída ao longo de um período. O benefício de retenção dos conteúdos em longo prazo é maior. Avaliação: funciona com estudantes de idades diferentes, com grande variedade de conteúdos, mesmo depois de grandes intervalos. É fácil de implementar, embora exija algum treinamento. Pesquisas sugerem que o estudo distribuído também funciona com conteúdos complexos.

Algumas técnicas de aprendizagem populares, como reler, sublinhar e resumir, são avaliadas como de baixa utilidade na sua pesquisa. Os estudantes precisam reaprender a estudar.

O aprendizado vem da compreensão geral de um conteúdo, da seleção dos itens importantes, da elaboração desses itens pelo estudante e da testagem desta elaboração. Fazer um resumo, por exemplo, é apenas uma destas quatro etapas .

Destacar palavras-chave em um texto, escrever resumos, fazer e refazer exercícios. São inúmeras as estratégias usadas pelos estudantes. E qual a eficiência de cada uma destas técnicas?

 Um estudo feito por pesquisadores de quatro universidades norte-americanas, publicado no jornal da Associação pela Ciência Psicológica no início deste ano, classificou essas estratégias tão corriqueiras na vida de vestibulandos como pouco eficientes. O trabalho avalia 10 técnicas de estudo, escolhidas por sua facilidade de aplicação, e apresenta recomendações a respeito da efetiva utilidade dos processos.

Acredito que o resultado que você deseja é a aprovação em um concurso. Portanto, você deve estudar usando as técnicas corretas para conquistar esse resultado.

A falta de persistência nos estudos é que mais dificulta o aprendizado de estudantes e concurseiros. Isso porque o aprendizado é construído pouco a pouco e se você para por muito, você perde o que aprendeu.

 Para aprender mais fácil estude todos os dias. Pode ser que você tenha um contratempo ou outro, tranquilo isso é normal, desde que no dia seguinte você volte a estudar.

Nos últimos anos a tecnologia tomou conta de tudo, e muitos estudantes trocaram o lápis pelo teclado e pelo celular. Ok, isso é um avanço, eu mesmo sou um entusiasta da tecnologia, só que escrever com caneta e lápis ainda é muito útil.

 A neurologista Judy Willis é uma das defensoras do uso da escrita com lápis e caneta. Segundo ela a escrita desenvolve a criatividade e a expressão pessoal. Ambas ajudam no raciocínio cognitivo.

 A escrita em ferramentas tecnológicas também possui suas qualidades, porém a escrita cursiva facilita muito mais o aprendizado. Pois escrever envolve mais áreas do cérebro, e quanto mais áreas você envolve na aprendizagem, mais fácil fica a memorização.

Faça anotações

As anotações são ótimas formas de memorizar de fato aquilo que foi lido. Elas podem conter diferentes esquemas, que variam conforme o método de estudo: desenhos, linhas do tempo, mapas, cores, entre outros. O importante é lembrar que cada aluno tem a sua própria maneira de registrar os tópicos principais da sua leitura.

Os exercícios indicam aqueles assuntos nos quais você apresenta maior dificuldade, devendo manter uma atenção especial.

A tecnologia é o seu cérebro expandido

Você perde muito tempo estudando. Para combater isso, muitos participantes progamaram algoritmos para lembrá-los de alguma palavra que poderia ser esquecida eventualmente. Eles tinham uma preocupação a menos e poderiam otimizar o tempo de estudo. Da mesma forma, apps e a internet podem ser grandes aliados na hora de memorizar conceitos - e o ato de olhar para algo além de seus livros e anotações pode ser de grande ajuda. Para quem está na escola, vale dar uma olhada em canais como a Khan Academy ou o YouTubeEDU.

Pequenas porções de informações

Grandes campeões de memorização não 'gravam' as cartas de um baralho pelo naipe - todas as de paus, todas as de copas... Eles processam as informações em pequenas porções. Parece confuso? Vamos levar isso para o campo dos estudos. É melhor gastar pequenos blocos de tempo em uma maior variedade de assuntos e habilidades em vez de concentrar todo o seu período de estudo em um único tópico.

Todos procuram saber como aprender inglês, português, matemática, física, química, história, geografia, direito, economia ou qualquer outra matéria.

Os motivos são muitos: tirar boas notas nas provas da escola ou faculdade, passar no vestibular (e agora também no ENEM) ou em um bom concurso para um cargo público.

E, na ânsia de aprender, compram apostilas e livros, fazem cursinhos preparatórios e não medem esforços e gastos para atingir seus objetivos.

Mas, muitas vezes, todo esse tempo e o dinheiro gastos são jogados fora.

E o problema é sempre o mesmo: as pessoas não sabem como aprender, e tampouco se preocupam em aprender a aprender.

Entram em aulas e cursos, mas as aulas e cursos não entram nelas.

Pois saiba que entender como o nosso cérebro guarda e recupera as informações é essencial para otimizar o tempo de estudo e obter um bom rendimento, o que permitirá estudar menos e aprender mais.

Apesar de o fato de apenas reler um conteúdo ser visto como pouco efetivo, a análise afirma que a releitura massiva (ler por seguidas vezes) é mais útil do que resumos e grifos, praticados no mesmo intervalo de tempo. No entanto, a prática ainda é de baixa utilidade. Mas isso não significa que você não possa ler e reler trechos para facilitar a compreensão de um assunto. Quando há um interesse muito forte por um assunto, os estudantes relêem sem notar.

Uma das melhores maneiras de aprender é fazendo testes práticos. Exercícios são até duas vezes mais eficazes do que as outras formas de estudo, principalmente para as áreas exatas. Fica mais fácil aprender um conteúdo com questões de múltipla escolha, preenchimento de lacunas, verdadeiro ou falso, entre outros.

Em muitas carreiras, sua capacidade de aprender rápido (e de forma eficaz) pode determinar se você terá sucesso ou não trabalhando ali. Ou seja, vale levar o assunto bem a sério. É o que defendem Peter Brown, Henry Roediger e Mark McDaniel, autores de "Make It Stick: The Science Of Successful Learning" (Fixe a aprendizagem: a ciência de aprender com sucesso, sem edição no Brasil).No caso específico de concursos públicos ou Exame de Ordem, a recomendação é fazer toneladas de exercícios de provas anteriores. Não apenas do cargo para o qual você está estudando, mas qualquer tipo de questão que encontrar pela frente.

Aprender, segundo os escritores, é ser capaz de se lembrar.

Velhos hábitos provavelmente não vão te ajudar nessa tarefa, como tentar decorar tudo de um dia para o outro ou destacar o que é importante com caneta marca texto. O site Business Insider reuniu dicas certeiras do livro para você aprender melhor e ficar mais inteligente:

Conecte novas informações com coisas que você já sabe. Ou seja, tente "pensar nas suas próprias palavras". "Quanto mais você consegue explicar como o novo aprendizado se relaciona com seu conhecimento prévio, mais forte será sua compreensão e mais conexões você criará para se lembrar mais tarde", dizem os autores. Um exemplo simples: se você está na aula de física tentando entender a transferência de calor, pode amarrar o conceito com suas experiências da vida real: imaginar uma xícara de café quente perdendo calor nas suas mãos.

Responda antes de ter uma resposta. Sim, chutar também é positivo. Isso porque, se você se esforça para responder mesmo não tenho certeza, o mais provável é que vai lembrar quando aprender o certo. "Ao explorar o desconhecido e quebrar a cabeça primeiro, você é muito mais propenso a aprender e lembrar da solução do que se alguém te ensinasse logo de cara", escrevem os autores. Em um ambiente acadêmico, você pode tentar encontrar suas próprias respostas antes do início da aula. Em um ambiente profissional, antes de conversar com o seu chefe sobre um problema, pode pensar em soluções — assim já chega com uma sugestão.

Avalie o que aconteceu. Quando você tira alguns momentos para rever um projeto ou analisar o que foi discutido em uma reunião, está refletindo. E isso é ótimo. Pode perguntar a si mesmo algumas questões. O que correu bem? Onde você pode melhorar? O que aquilo te faz lembrar? Pesquisadores de Harvard descobriram que a escrita reflexiva é muito poderosa. Só 15 minutos de reflexão no final do dia já melhoram seu desempenho em 23%.

Use truques. Você pode utilizar siglas ou rimas para lembrar de algo: é a chamada mnemônica. São frases como "se volto da, crase há; se volto de, crase pra quê?" ou ainda macetes parar memorizar fórmulas de física e os elementos da tabela periódica. Servem para "criar estruturas mentais que tornam mais fácil recuperar o que você aprendeu", dizem os autores.

Recupere na própria memória. Fazer a anotação de palavras-chave em pequenos cartões, é uma boa saída. Bem melhor do só grifar o que é importante em um texto (algo que não exige nenhum esforço nem para fazer, nem na hora de ler). Rever informações é eficaz porque fortalece as vias neurais associadas a um determinado conceito.

No caso específico de concursos públicos ou Exame de Ordem, a recomendação é fazer toneladas de exercícios de provas anteriores. Não apenas do cargo para o qual você está estudando, mas qualquer tipo de questão que encontrar pela frente.

 Falando especificamente de concursos públicos, a interrogação elaborativa é um grande diferencial na hora de responder redações e questões discursivas.

Estudo mostra que os resumos são úteis para provas escritas, mas não para provas objetivas.

Leitura Dinâmica

Leitura dinâmica (também chamada leitura rápida) constitui-se de vários métodos que buscam aumentar a velocidade da leitura, mantendo o entendimento e a retenção de informações.

 Esclarecendo o assunto: Os três pontos fundamentais: Ler,interesse pela leitura e compreensão do tema ou assunto. Mais rápido será o desenvolvimento com foco nesses 3 pontos.Leia,pesquise e faça resumos.

Há vários métodos diferentes de leitura dinâmica. Alguns consideram que leitura consiste em três etapas - ver, pronunciar e compreender - e propõem que se elimine uma das três. Para manter o entendimento, a única etapa que poderia ser eliminada é a pronúncia, seja vocal ou mental.

O funcionamento da leitura dinâmica

 Nosso cérebro absorve as informações por meio de imagens, como que tirando fotos mentais das coisas. Quando lemos, o cérebro decodifica a imagem (frases, palavras, sílabas etc.) e, em seguida, compara com o que já temos arquivado na memória.

 Se já é algo conhecido, logo entendemos e arquivamos na memória a informação. Caso não, teremos que decifrá-la. Por isso, quando estudamos assuntos que conhecemos e gostamos, temos mais facilidade em aprender.

Como o nosso cérebro trabalha decodificando as palavras, quanto mais palavras tivermos arquivadas em nossa memória, mais rápido conseguiremos ler, visto que o cérebro não precisará decifrar novas palavras. A melhor dica para ampliar o vocabulário é por meio da leitura!

Métodos

 Técnica usada por alguns programas para acelerar a leitura. O treinamento consistiria em que os usuários seguissem com os olhos os objetos em movimento na tela.

Algumas técnicas utilizadas são leituras de grupos de palavras, em vez da leitura palavra por palavra; alinhamento do texto de forma que facilite a "varredura" pelos olhos sem que estes necessitem se deslocar muito de um lado para o outro (texto em coluna estreita) e o salto de olho, por meio do qual o leitor estabelece pontos na linha de leitura nos quais faz a parada ocular (esta técnica é utilizada em livros de colunas largas).

Uma das técnicas utilizadas é a leitura de palavras inteiras, ou por blocos inteiros de palavras ao invés de sílabas. A distribuição do texto deve ser de forma que facilite a "varredura" dos olhos, sem que seja necessário deslocá-los muito de um lado para o outro.

O cérebro responde de forma compatível aos estímulos que recebe. Se você durante anos, vem lendo lentamente, os estímulos vem sendo enviados para o cérebro em baixa velocidade, e este responde de forma igualmente lenta.

Na leitura dinâmica, os estímulos são enviados mais rapidamente para o cérebro, elevando a velocidade de raciocínio.

A utilização de um metrônomo para "compassar" o tempo da leitura, estabelecendo uma meta mínima para se cumprir num determinado tempo, pode ajudar a reduzir o tempo de leitura gradativamente. Sugere-se, para pessoas com dificuldades de leitura, 20 linhas por minuto (marcadas por toques do metrônomo), enfatizando-se a importância da respiração e da postura. Para os que já têm o hábito de leitura, pode-se recomendar 40 toques por minuto, chegando ao dobro desse número para pessoas treinadas. 150 toques por minuto seria a velocidade do leitor mais rápido do mundo em língua portuguesa.

Skimming é um método de leitura dinâmica que envolve a procura visual de frases numa página para encontrar pistas para o significado. Para algumas pessoas, isso é normal, mas é geralmente adquirida pela prática. O skimming é mais frequente em adultos do que em crianças. É realizado a uma velocidade elevada (de 700 palavras por minuto, ou mais) do que a leitura normal para a compreensão (cerca de 200-230 ppm), e resulta em baixas taxas de compreensão, especialmente em textos ricos em informação de leitura.[nota 1]

Outra forma de skimming é comumente empregue pelos leitores na Internet. Trata-se de saltar sobre o texto que é menos interessante ou menos relevantes. Esta forma de leitura não é nova, mas tornou-se cada vez mais predominante devido à facilidade com que a informação alternativa pode ser acedido on-line. Algumas das frases têm menos informação que pode não ser necessária.

A leitura dinâmica nada mais é do que você "fotografar" grupos cada vez maiores, deixando de ler por sílabas (como fomos ensinados na escola), para ler por palavra, depois por grupos de palavras e depois por frases.

Com a aplicação dessas técnicas, você já terá um aumento considerável na capacidade de retenção e também algum ganho de velocidade. Para otimizar os estudos, é importante ter em mente que você não deve aplicar a leitura dinâmica a todo conteúdo, especialmente no início.

Comece com os assuntos que você domina, isso fará com que o seu cérebro comece a se adaptar à nova velocidade e, gradativamente, você deve ir migrando para outros assuntos, ainda de acordo com o grau de conhecimento sobre o assunto.

Pesquise antes de ler

Quanto menos surpreendente for a leitura, menos tempo você terá de gastar com ela.

Através do treinamento, muda-se o modo como o cérebro processa as informações, aumentando o entendimento e até o gosto pela leitura.

Após um bom treinamento, e da contínua utilização da técnica, a pessoa é capaz de alcançar uma velocidade de 1000 palavras por minuto. Essa velocidade é normalmente de 5 a 8 vezes a velocidade inicial, isso para o entendimento total do texto.

Exercícios para a inteligência

Inteligência fluida X Inteligência cristalizada

De acordo com Knox (1977),

". . elas constituem a capacidade global de aprender, raciocinar e resolver problemas que a maioria das pessoas se referem como inteligência. Inteligência fluida e inteligência cristalizada são complementares em algumas tarefas de aprendizagem que podem ser dominadas principalmente por exercer qualquer inteligência fluida ou cristalizada".

Ambos os tipos de inteligência são igualmente importantes na vida cotidiana. Por exemplo, quando se faz uma prova de psicologia, você pode precisar contar com a inteligência fluida para chegar a uma estratégia para resolver um problema de estatísticas, enquanto você também deve empregar a inteligência cristalizada para lembrar as fórmulas exatas que você precisa usar.

Inteligência fluida, juntamente com o seu homólogo, inteligência cristalizada, são fatores a que Cattell se referiu como inteligência geral. Enquanto a inteligência fluida envolve nossa capacidade atual de raciocinar e lidar com informações complexas em torno de nós, inteligência cristalizada envolve aprendizado, o conhecimento e as habilidades que são adquiridas ao longo da vida.

É importante notar que, apesar do nome, a inteligência cristalizada não é uma forma de inteligência fluida que se tornou 'cristalizada'. Em vez disso, os dois fatores de inteligência geral são considerados em separado e distintos.

Inteligência fluida e inteligência cristalizada ao longo da vida

Inteligência fluida e inteligência cristalizada tendem a mudar ao longo da vida, com certas habilidades mentais que repicam em diferentes pontos. Inteligência fluida foi considerada por muito tempo tendo o pico muito cedo na vida, mas uma nova pesquisa sugere que alguns aspectos da inteligência fluida podem ter o pico tarde, como aos 40 anos de idade. Inteligência cristalizada não tende a atingir o pico mais tarde na vida, atingindo seu ápice em torno de 60 ou 70 anos de idade.

Algumas coisas a lembrar sobre a inteligência fluida e cristalizada:

Ambos os tipos de inteligência aumentam durante toda a infância e adolescência.

Picos de inteligência fluida ocorrem na adolescência e começam a declinar progressivamente começando por volta de 30 ou 40 anos.

Inteligência cristalizada continua a crescer durante a vida adulta.

Pesquisas recentes também sugerem que o treinamento cerebral pode desempenhar um papel na melhoria de certos aspectos da inteligência fluida.

Treinamento do cérebro

1) Na escola o cérebro do aluno é condicionado muitas vezes a aprender numa postura passiva. O professor fala, o aluno escuta, depois faz a prova. O aluno não faz análise crítica e comparativa dos conteúdos ensinados. Exemplo: ele aprende História e Geografia, mas o professor não ensina a correlacionar os assuntos e a pensar criticamente.

2) Na escola o aluno não aprende a estudar e a memorizar. O estudante decora a matéria e não a compreende, não assimila raciocinando. O aluno estuda para a prova e dias depois esqueceu a maior parte da matéria. Lembra de quanto você estudou? Quantas informações foram esquecidas!

3) Na escola o estudante não sabe exatamente como e onde aplicar o conhecimento na vida pessoal e profissional. Muitos conteúdos estão desconectados da vida real.

4) O aluno desenvolve crenças prejudiciais como "matemática é difícil", "química é chato". Ele fica desmotivado para estudar.

5) A aluno é colocado numa sala com 30, 40 ou mais alunos. As necessidades, as expectativas e as dificuldades do estudante, não são tratadas devidamente.

No Treinamento do Cérebro o aluno recebe atenção especial e aprende a dominar o conhecimento através do envolvimento ativo. No Treinamento do Cérebro o aluno aprende a: .

Questionar, refletir, criticar, debater, avaliar e opinar.

Concentrar, raciocinar, perceber e integrar.

Comparar, relacionar, selecionar e julgar.

Classificar, ordenar, associar e sintetizar.

Planejar, organizar e estruturar.

Ver implicações e consequências.

Interagir com o conhecimento.

Encontrar o sentido: aplicar o conhecimento.

Contextualizar e descontextualizar.

Detectar lógica.Descobrir opções.

Romper as crenças negativas sobre o estudo.

Associar, desenhar e memorizar

Analisar, interpretar e completar.

No Treinamento do Cérebro o aluno aprende a:

A treinar a percepção ativa.

Enxergar aplicações práticas dos exercícios na vida real.

Enxergar vantagens em situações aparentemente sem benefícios.

Descobrir oportunidades disfarçadas.

A sair de situações difíceis.

Descobrir relações entre diferentes tipos de informação (ex.: exercício de raciocínio lógico e inteligência emocional).

Chegar a soluções através de caminhos mais curtos.

Sair do "piloto automático" e experimentar o inesperado.

Despertar curiosidade.

Experimentar, vivenciar, testar.

Falar, escrever, ensinar, fazer.

Agir, mudar, solucionar.

Aplicar o conhecimento a novas situações.

Solucionar problemas.

"Dialogar" com o conhecimento.

Imaginar, inventar, criar, recriar.

Construir e reconstruir.

Criar desafios pessoais.

Superar limites.

Reabilitar-se cognitivamente.

Realizar cálculos complicados rapidamente.

Aprender atalhos matemáticos mentais.

Aprender a fazer contas de cabeça.

Os exercícios do Treinamento do Cérebro são:

 Práticos

Desafiadores

Lúdicos

Divertidos

Apresentados de acordo com a capacidade de cada aluno.

O Treinamento do Cérebro ajudará você a explorar ao máximo as suas potencialidades intelectuais.

Treinar a memoria pode melhorar QI - Estudos mostraram que é possível estimular o cérebro de crianças para melhorar a memória de curto prazo, também conhecida como memória de trabalho. Este assunto foi estudado no Japão para ver como a ginástica cerebral pode aumentar a capacidade de memorização e como isto pode estar relacionado ao QI.

Crianças de 6 a 8 anos exercitaram o cérebro dez minutos por dia, durante dois meses. O treinamento era simples e consistia em apresentar à criança um dígito ou uma palavra por segundo, com um segundo de intervalo entre cada item: por exemplo a sequência 5, 8, 4, 7, seguida das perguntas "Onde apareceu o quatro na sequência?" ou "Qual era o terceiro item da sequência?". Os estudantes tiveram de praticar, gravando as sequências na memória de trabalho.

Com a prática, eles aumentaram o número de itens de 3 para 8. Após o treinamento, os pesquisadores aplicaram outro teste de memória de trabalho. Os resultados indicaram que a memória de trabalho influenciou resultados do teste de QI. É isso, crianças com maior capacidade de memória de trabalho geralmente têm QI mais elevados.

Quando alguns alunos do primário foram submetidos a testes de inteligência, os resultados mostraram que o nível de inteligência aumentou 6% em um ano, contra 9% no grupo que recebeu estímulos para a memória. Os efeitos da ginástica cerebral para a memória foram ainda mais evidentes em alunos do ensino fundamental, com 12% de ganho no QI no grupo que recebeu estímulos, comparado a 6% de ganho nos demais. Como esperado, a criança com maior nível de QI foi a melhor nos testes de memória de trabalho.

Em conclusão, a ginástica cerebral pode melhorar a memória de trabalho e também aumentar o nível de inteligência (QI), ao menos em crianças.

Uma avaliação desses treinamentos do cérebro revelou que os programas reforçam a capacidade para armazenar informações, ou seja, sua memória.

Os resultados foram publicados na revista Psychological Science por Randall Engle e seus colegas do Instituto de Tecnologia da Geórgia (EUA).

Memória e inteligência fluida

De acordo com Engle, as alegações desses sites e programas são baseadas em pesquisas que mostram uma forte correlação entre a capacidade de memória de trabalho e a inteligência fluida geral.

A capacidade de memória de trabalho se refere à nossa habilidade para nos lembrarmos de informações, particularmente na presença de distrações.

Já a inteligência fluida é a capacidade para inferir relações, fazer raciocínios complexos e resolver problemas novos.

A correlação entre a memória de trabalho e a inteligência fluida levou alguns pesquisadores a supor que melhorar a memória de trabalho levaria automaticamente a um aumento também na inteligência fluida.

Mas "isso pressupõe que os dois construtos são a mesma coisa, ou que a memória de trabalho é a base para a inteligência fluida," observa Engle.

Foi isto que ele quis colocar à prova, aplicando uma bateria de testes antes e depois do treinamento cerebral.

2 principais erros que levam a queda do rendimento cerebral são:

1- Sobrecarga de estímulos = pessoas que fazem várias coisas ao mesmo tempo, dormem menos do que deveriam, estão sempre correndo, tem nível elevado de stress, preocupações e ansiedade.

2- Falta de treinamento cerebral = muitas pessoas acabem caindo na rotina e automatizando boa parte da atividade mental. O cérebro precisa de desafios, ser tirado da zona de conforto, criar soluções, testar hipóteses, errar, acertar, enfim, aprender durante toda a vida. Isso é conseguido no dia-a-dia buscando sempre atividades intelectuais novas ou mesmo fazendo coisas da rotina de um jeito criativo e diferente. Outro jeito de estimular o cérebro é com jogos e brincadeiras intelectuais, que cumprem de maneira divertida e lúdica, o papel de desafiar, testar e treinar algumas habilidades cerebrais importantes na composição do que chamamos inteligência.

A importância da memória de curto prazo Embora há muito tempo se considere que a memória de curto prazo – o bloco de notas do cérebro, basicamente – seja apenas um componente do Q.I. geral, pesquisas recentes mostram que, na verdade, ela pode ser a alavanca capaz de elevar a inteligência como um todo. Numa das maiores surpresas da pesquisa sobre inteligência, o grupo de cientistas liderado por Susanne Jaeggi e Martin Buschkuehl, da Universidade de Michigan, verificou que a memória de curto prazo pode ser o alicerce da inteligência num grau mais alto do que se suspeitava. Eles treinaram voluntários adultos numa tarefa difícil para a memória de curto prazo: era preciso ouvir uma série de letras e ver ao mesmo tempo uma série de telas de computador com um quadrado azul em lugares diferentes. E era preciso identificar quando a letra falada ou a posição do quadrado combinavam com a de várias telas anteriores. Quanto mais exercitavam a memória de curto prazo, mais aumentava a forma mais pura de poder cerebral, a inteligência fluida – a capacidade de raciocinar e resolver problemas de forma independente do conhecimento existente. (A parte de raciocínio do teste usava as chamadas matrizes progressivas: ver três configurações geométricas e escolher qual das muitas opções seguiria o padrão.) Em junho, a equipe de Michigan obteve o mesmo resultado em crianças em idade escolar e confirmou que o treinamento da memória melhora o desempenho em testes de inteligência e, assim, pode ser o caminho mais seguro para um Q.I. mais alto.   "Há controvérsias quanto à possibilidade de o treinamento cerebral aprimorar a cognição", diz o neurocientista Eric Kandel, da Universidade de Colúmbia, um dos ganhadores do Prêmio Nobel de Medicina de 2000 por descobertas sobre a base celular e molecular da memória. "Mas quando realmente se exercita a memória, decorando poesias, por exemplo – os sonetos de Shakespeare servem –, provavelmente os aspectos da função cognitiva melhoram."   Os exames de neuroimagem dão pistas de como o treino da memória aprimora a inteligência pura. Durante o treinamento da memória, os exames mostram que várias regiões do cérebro (o córtex pré-frontal lateral, o córtex parietal inferior, o cingulado anterior e os gânglios basais) ficam mais ativas, indicando que essas regiões estão envolvidas na memória. O interessante é que essas mesmas regiões também entram em ação quando o cérebro pensa e raciocina. "Com otimismo cauteloso, parece que há efeitos reais nesses estudos de treinamento da memória", diz o psicólogo Jason Chein, da Universidade Temple. Nos seus estudos, ele verificou que adultos que treinaram uma tarefa complexa da memória de trabalho durante quatro semanas também sentiram melhoras significativas na compreensão da leitura.   Kandel afirma que a explicação desse tipo de ganho é o "treinamento intensivo" – bem diferente de soluções fáceis como comer mirtilos ou tomar suco de romã, segundo dizem. Acontece que a inteligência vem de ter mais sinapses (ligações entre neurônios). A criação de novos neurônios (neurogênese) e sinapses torna o aprendizado possível.

A memória operacional é o sistema de armazenamento de informações de curto prazo do cérebro. Funciona como uma espécie de "bancada de trabalho" para a resolução dos problemas mentais. Por exemplo, se você calcular 98-23+2, a memória operacional armazenará as etapas intermediárias necessárias para elaborar a resposta. A quantidade de informações que poderá ser guardada está fortemente relacionada à inteligência geral.

 Uma equipe coordenada pelo neurocientista Torkel Klingberg, do Instituto Karolinska de Estocolmo, Suécia, encontrou sinais de que os sistemas neurais que fundamentam a memória operacional podem "crescer" quando estimulados. Com mapeamento cerebral pelo método da ressonância magnética funcional (RMf), o grupo quantificou a atividade cerebral de adultos antes e depois de um programa de treinamento da memória operacional, que abrangeu tarefas como a memorização das posições de uma série de pontos dispostos num gráfico. Depois de cinco semanas de treinamento, a atividade cerebral dos voluntários tinha aumentado nas regiões associadas com esse tipo de memória. A pesquisa foi publicada no periódico científico Nature Neuroscience.

Ao estudarem crianças que tinham completado esse tipo de exercício mental, Klimberg e seus colegas observaram melhoras em várias aptidões cognitivas não relacionadas ao treinamento – e um salto nas pontuações do teste de QI de 8%, segundo artigo veiculado pela Journal of the American Academy of Child and Adolescent Psychiatry. O pesquisador acredita que o treino em memória operacional pode ser fundamental para ampliar o poder do cérebro: "A genética e a vida intrauterina são bastante importantes, mas não podemos desprezar o fato de existir um percentual (embora não saibamos ainda qual é) que pode ser melhorado por estímulos ambientais e pelo treinamento". Fonte: Mente e Cérebro

Como melhorar minha memória e treinar minha inteligência

 Bom, a melhor forma de melhorar sua memória é treinar e usar ela. Quanto mais você forçar o seu uso, melhor ela vai ficar. E igual a uma academia, a melhor forma de forçar é malhando, pegando pesado. E você só consegue isso fazendo exercícios, tentando tirar tudo o que conseguir de cabeça, sem ter que olhar para a cola.

Exercite seu cérebro e treine sua memória e inteligência.

A maioria das pessoas já sabe: o cérebro fica melhor quanto mais nos o usamos. Por isso que o estudioso nunca larga o livro, a aula e o caderno de anotações.

A ciência e a experiencia demonstram é que o uso constante e o treino efeito da mente é que mantém ela ativa e capaz de estabelecer novas conexões neuronais a ponto de acumular conhecimento e sempre evoluir. A verdade é que a deficiência de uma vitamina ou um mineral causando deficiência de memória ou inteligência é algo muito grave, e felizmente muito raro.

O DESENVOLVIMENTO CEREBRAL

Um importante (se não o mais importante) órgão do corpo humano, responsável pela inteligência e pelos sucessos e insucessos pessoais e profissionais, é o cérebro, a estrutura mais complexa existente e o mais desafiante instrumento criado pela natureza. Tão importante que é o único órgão que tem uma "embalagem" rígida para sua proteção, que é o crânio.

É ele que cuida não só da manutenção da nossa vida como, também, das nossas emoções, da capacidade de raciocinar mais claramente, da facilidade maior ou menor de encontrar soluções para as diversas situações enfrentadas, pelo desenvolvimento da criatividade, pela nossa inteligência e pela aprendizagem.

Ao contrário dos demais órgãos, o cérebro é o único que pode melhorar seu desempenho com o passar do tempo, quanto mais for utilizado. Um cérebro que está sendo constantemente exigido, treinado, utilizado e desafiado, terá um desempenho cada vez melhor; independente da idade da pessoa.

Por que algumas pessoas têm boa memória e outras não? Contam idade, atividade profissional, grau de escolaridade, ritmo do sono, prática de atividade regular, uso ou não de medicamentos que possam atrapalhar o processo, consumo ou não de álcool, nicotina e outras drogas, grau de orga... - Veja mais em https://noticias.uol.com.br/saude/ultimas-noticias/redacao/2013/03/04/habitos-saudaveis-e-treinamento-ajudam-a-melhorar-a-memoria-apontam-especialistas.htm?cmpid=copiaecola

Reviva Boas Experiências

Memórias ligadas a emoção são mais facilmente fixadas. As emoções positivas tem prioridade sobre emoções negativas. Um fenômeno conhecido como memória seletiva. Viaje, encontre os amigos, reúna a família, viva com intensidade e otimismo, suas memórias serão mais vivas e resistentes.

Recorde sempre das boas coisas que viveu, reveja álbuns de fotografia, vídeos antigos e remonte os momentos na cabeça. Quanto mais vezes algo é lembrado, mais firme fica a lembrança. Com o tempo seu cérebro se empenhará cada vez mais em reter as experiências da vida.

A alimentação influencia na capacidade de memorização. Prefira alimentos de fácil digestão, fracionados durante o dia e em quantidade moderada. Refeição pesada e quantidade exagerada desloca o fluxo sanguíneo para os intestinos e o cérebro fica mais lento e preguiçoso. Para ajudar ainda mais, beba bastante água e líquidos em geral, porém cuidado com as calorias e com o açúcar que vai escolher.

Concluimos que, a inteligência humana se subdivide em fluida e cristalizada. Enquanto a inteligência cristalizada descreve o saber fatual e social (por exemplo, o conhecimento das capitais do mundo), a inteligência fluida se refere a processos de pensamento que utilizamos para a aprendizagem e resolução de problemas. A Inteligência cristalizada pode aumentar ao longo da vida, como se vê em personalidades como Helmut Schmidt, recentemente falecido. Até alguns anos atrás, era tido como certo que a inteligência fluida, por sua vez, começava seu processo de declínio constante a partir dos 20 anos.

No entanto, pesquisas recentes revelam que podemos aumentar a nossa inteligência fluida na velhice com um estilo de vida cognitivamente ativo e técnicas específicas. Pesquisadores da Universidade de Berna têm mostrado que pessoas mais envolvidas em atividades cognitivamente exigentes continuam, mesmo na velhice, com excelente saúde mental e ativas. Uma hipótese é a Buffer Theory, em que a pesquisa, de forma bem simplificada, parte do princípio que o nosso cérebro se comporta como um músculo, criando recursos adicionais durante esforços cognitivos - como um músculo que desenvolve fibras adicionais.

A inteligência fluida e a cristalizada são de suma importância no trabalho e no dia-a-dia, uma vez que apenas em conjunto podem atingir seu máximo desempenho. Ao serem confrontadas com o desconhecido, pessoas abertas e curiosas em relação à vida primeiramente recebem, processam e filtram a informação de acordo com a relevância para só então classificá-la com base no conhecimento existente. O crescente fluxo de informações da sociedade moderna do conhecimento também coloca novos desafios: Os recursos cognitivos são acionados não somente

Aprender coisas novas melhora seu cérebro, especialmente quando você acredita que pode aprender coisas novas. É um circulo virtuoso: quando você acha que está ficando mais esperto você estuda mais, fazendo novas conexões neurais, as quais deixam você mais... inteligente! Segundo estudos da Universidade de Stanford, voluntários mais persistentes (que persistem na tarefa apesar de obstáculos) possuem uma maior plasticidade neural, ou seja, se adaptam melhor a situações diversas, e mostram melhor desempenho cognitivo que os voluntários de atitude mais fixa (defensivos ou que desistem mais rápido). "Muitas pessoas pensam que têm um nível de inteligência fixo e pronto," diz Carol Dweck que conduziu o estudo. "A cura para isso é mudar de atitude."

Referências:

Pinheiro, I. R, Maidel, S. (2009). Treino cerebral para adultos. Ciências & Cognição. Vol 14, 160-167

http://www.leandroteles.com.br/blog/2012/12/31/dicas-para-memoria/

http://m.noticias.universia.com.br/noticia/935880/15-maneiras-cientificamente-comprovadas-aumentar-sua-inteligencia.html

http://www.lendo.org/exercicios-aumentar-concentracao/

Colin Rose, Accelerated Learning, Accelerated Learning Systems Ltd, 1985.Alistair Smith, Accelerated Learning in the Classroom, Network Educational Press Ltd, 1996.Mike Hughes, Closing the Learning Gap, Network Educational Press Ltd, 1991.Bill Lucas, Power Up Your Mind, Nicholas Brearley Publishing, 2001.Eric Jensen, Super Teaching, The Brain Store, Inc., 1995. Revistas ÉPOCA e ABRIL.

www.cpt.com.br

Redação de textos dissertativos – Concursos, vestibulares e Enem

Luiz Ricardo Leitão (Org.), Manoel de Carvalho Almeida, Manuel Ferreira da Costa

Editora Ferreira